AF310502

OBSERVATIONS

PRÉSENTÉES A LA SOCIÉTÉ GÉNÉRALE DES PRISONS

SUR LA RÉVISION DE LA LOI DU 5 AOUT 1850

RELATIVE

Aux Colonies agricoles pénitentiaires de jeunes détenus

PAR

M. CHARLES LUCAS

Membre de l'Institut et du Conseil supérieur des prisons.

(Extrait du *Bulletin* n° 3 *de la Société générale des prisons.* — Troisième année. — Séance du 5 mars 1879.)

PARIS

IMPRIMERIE CENTRALE DES CHEMINS DE FER

A. CHAIX ET Cie

RUE BERGÈRE, 20, PRÈS DU BOULEVARD MONTMARTRE

1879

OBSERVATIONS

PRÉSENTÉES A LA SOCIÉTÉ GÉNÉRALE DES PRISONS

SUR LA RÉVISION DE LA LOI DU 5 AOUT 1850

RELATIVE

Aux Colonies agricoles pénitentiaires
de jeunes détenus

MESSIEURS,

Le premier besoin que j'éprouve en prenant la parole, est de vous dire que c'est avec un bien vif regret que j'ai été empêché, par mes absences de Paris et mon état de santé, de prendre part à vos intéressantes délibérations. J'ajouterai que c'est de plus à mon grand préjudice, puisque j'ai été ainsi privé des lumières que j'aurais été appelé à y recueillir. J'ai trouvé toutefois une heureuse compensation dans la lecture du *Bulletin* de la Société, qui m'a permis de suivre vos travaux, chaque jour mieux appréciés en France et à l'étranger. Ce n'est pas sans une patriotique satisfaction que je vois dans les revues étrangères combien cette Société grandit de jour en jour dans l'estime des criminalistes et des jurisconsultes. Ce résultat fait un grand honneur aux membres éminents de votre Bureau, qui dirigent vos travaux; à ceux du Conseil d'administration, qui les préparent, et à vous enfin, Messieurs, qui avez le mérite de les réaliser.

Je ne viens pas vous faire un discours, mais vous présenter simplement et le plus clairement qu'il me sera possible, quelques observations sur un sujet que je trouve à votre ordre du jour, et qui depuis plus de cinquante ans est l'objet persévérant de mes études théoriques et pratiques.

I

RÉVISION DE LA LOI DE 1850.

Vous appelez particulièrement l'attention sur la révision de la loi du 5 août 1850, relative à la création des colonies agricoles pénitentiaires affectées aux jeunes détenus et sur le projet de loi successivement élaboré, à cet égard, depuis quelques années, par la Commission d'enquête pénitentiaire et par le Conseil supérieur des prisons. Tout en reconnaissant la nécessité de la révision de cette loi de 1850, que réclament des imperfections à y corriger et des lacunes à y remplir, j'éprouve le besoin d'exprimer le sentiment de gratitude qu'on lui doit ainsi qu'à son habile rapporteur, M. Corne. Il y a là une initiative d'une grande valeur. Les réformes ne se réalisent que par un mouvement progressif. La loi de 1850 a été, dans le domaine législatif, le point de départ en France et en Europe du mouvement progressif de la réforme pénitentiaire applicable aux jeunes détenus. C'est là un service rendu qu'il ne faut pas méconnaître, et un point de départ qu'il ne faut pas oublier, car il honore la France. Le terrain de cette discussion a été parfaitement préparé par le rapport si remarquable et si remarqué, présenté par M. Félix Voisin au nom de la Commission d'enquête parlementaire sur le régime pénitentiaire et récemment par celui dans lequel M. le sénateur Th. Roussel a fait, avec autant de talent que de lucidité, l'exposé historique et analytique de l'élaboration successive de ce projet de révision par l'enquête parlementaire et le Conseil supérieur des prisons. Je regrette vivement la fatalité qui par suite de mes absences de Paris, au moment où a été discuté par la Commission d'enquête pénitentiaire et par le Conseil supérieur des Prisons, ce projet de révision de la loi de 1850, ne m'ait pas permis de prendre part à cette discussion, et d'avoir été ainsi privé des lumières que j'au-

rais été appelé à en recueillir. Je suis donc étranger à ce projet
de loi de révision.

Je ne puis ainsi ni réclamer d'une part aucune solidarité dans
les excellentes choses qui s'y trouvent, ni d'autre part donner
une approbation sans réserve à tous les articles de ce projet;
car sur certains points je paraîtrais déserter d'anciennes et persévérantes convictions, notamment en ce qui concerne la déclaration de l'article 5, « que les jeunes détenus sont conduits dans
les maisons de réforme pour y être élevés soit sous le régime
en commun, soit sous celui de la séparation individuelle. »

Introduire la coexistence de ces deux régimes dans la loi de
1850, relative aux colonies agricoles pénitentiaires, est une
innovation sans précédents à l'étranger et à laquelle je doute que
l'administration pénitentiaire et la législature en France soient
disposées à s'associer. Mais loin de moi la pensée de me livrer
ici à un examen critique de ce projet de loi, soit dans son ensemble, soit dans les différents articles dont il se compose.

Je serais bien ingrat, du reste, envers ce projet et envers la
loi elle-même de 1850 qu'il révise, si je pouvais méconnaître les
encouragements que je leur dois en voyant qu'ils se sont rap-
prochés, sur tant de points, des principes qui se rattachent à
mes anciennes et persévérantes convictions. Mais les principes
sont absolus, ils ne s'arrêtent guère dans la voie des conces-
sions et poursuivent leur but tant qu'ils ne l'ont complétement
atteint.

Je ne viens donc pas me placer au point de vue spécial du
projet de loi, mais au point de vue général des principes dont se
compose le programme (1) théorique et pratique que j'ai développé
antérieurement à la loi de 1850, et dont je poursuis la réalisation
toutes les fois que l'occasion m'en est offerte, en m'efforçant de
faire partager la conviction qui m'anime.

Tel est le but des observations que je viens soumettre à votre
appréciation bienveillante et éclairée, heureux si je pouvais réussir
à être aussi convaincant que je suis convaincu.

Le premier principe dont j'ai à vous parler, c'est celui qui doit
tracer la ligne de démarcation entre l'établissement public et
l'établissement privé. Je constaterai d'abord à cet égard une

____

(1) Voir le rappel de ce programme aux fragments sur les écoles de
réforme en Angleterre, insérés dans le *Bulletin*, page 258.

importante amélioration, réalisée par le projet de révision, qui
déclare la coexistence des établissements publics et privés. Mon
principe va plus loin, mais on ne saurait contester que cette déclaration constitue déjà une notable amélioration apportée à la
loi de 1850, et un service signalé dont on doit conserver un sou-
venir reconnaissant à la Commission d'enquête pénitentiaire et
au Conseil supérieur des prisons.

Le principe fondamental qui doit dominer la question des établissements publics et privés, spécialement consacrés aux jeunes
détenus, c'est que l'établissement public est obligatoire pour
l'État, comme dépositaire de la puissance publique, représentant
de l'ordre social et garant responsable de la sécurité publique et
privée, si souvent et parfois même si gravement compromise par
les délits et les crimes commis par les mineurs au-dessous de
seize ans, avec ou sans discernement. La création de l'établissement public est donc la règle qu'impose à l'État l'exécution de
la loi pénale dont il est responsable. Là où il y a condamnation,
cette règle est absolue et l'État ne peut déléguer à l'initiative
privée l'obligation qui lui incombe. Ce n'est que lorsqu'il s'agit
de mineurs au-dessous de seize ans à détenir et à élever en vertu
d'un acquittement dans les cas prévus par l'article 66 du Code
pénal, qu'alors il devient admissible que l'État autorise l'initiative
privée à partager avec lui l'éducation pénitentiaire de ces jeunes
acquittés, mais sous la réserve encore de ne pas confier à l'établissement privé même ces acquittés, auteurs de crimes d'assassinat,
d'empoisonnement, de meurtre ou d'incendie. Il y a là, en effet,
une responsabilité trop grave, pour que l'État puisse s'en déchar-
ger sur l'établissement privé.

Ces principes développés dans mon programme antérieur à la
loi de 1850, me semblent toujours ceux qui doivent être appelés
à régir la création des établissements publics et privés.

II

ÉTABLISSEMENTS PUBLICS ET PRIVÉS.

Or voici quel était l'état des choses lorsque la Commission
d'enquête pénitentiaire fut appelée à se prononcer sur la question alors si vivement controversée des établissements publics

et privés. La loi de 1850, renversant l'ordre des principes et des idées, avait fait de l'établissement privé, c'est-à-dire de l'exception, la règle et de l'établissement public, c'est-à-dire de la règle, elle avait fait l'exception. La loi anglaise de 1854 était allée plus loin encore, jusqu'à l'exclusion de l'établissement public. L'État, en Angleterre, dans l'organisation des écoles de réforme affectées aux jeunes détenus, avait méconnu jusqu'à ce point le droit qu'il devait exercer et le devoir qu'il devait remplir, comme garant responsable de la sécurité publique et privée. D'autre part, les commissions des budgets de 1873 et 1874 se plaçant naturellement au point de vue exclusif de l'intérêt du Trésor, constataient le coût de la journée de présence sensiblement moins élevé dans les établissements privés que dans les colonies publiques agricoles et pénitentiaires. Sans remonter à l'une des causes principales dont je parlerai bientôt, celle du vice du régime cultural de ces colonies, elles ne voyaient dans ce résultat qu'un témoignage de la supériorité de la gestion privée sur la gestion publique, et dans leur sollicitude pour l'intérêt budgétaire, elles émettaient le vœu de la suppression des colonies publiques, au moyen de la concentration des jeunes détenus dans des mains congréganistes ou autres. La cause des établissements publics, éloquemment défendue à la tribune législative par M. Félix Voisin, trouva un sympathique et puissant appui dans la Commission d'enquête pénitentiaire, qui se prononça contre le rôle exceptionnel assigné par la loi de 1850 aux établissements publics; mais elle ne les appela qu'à la coexistence avec l'établissement privé par l'article 4 du projet de loi de révision, reproduit et confirmé par le Conseil supérieur des prisons. Or, ce n'est pas la coexistence, c'est la primauté que j'avais toujours réclamée pour l'établissement public, et je ne puis déserter cette persévérante conviction. Déclarer la coexistence, ce n'est pas assez, selon moi; c'est mettre sur la même ligne la règle et l'exception, c'est les assimiler l'une à l'autre. Il faut mettre la règle à sa place et l'exception à la sienne, et reconnaître à l'établissement public son principe obligatoire et à l'établissement privé son caractère facultatif.

Si l'on adoptait ce principe, l'article 2 du projet de révision pourrait être rédigé ainsi que suit :

Des établissements spéciaux sont affectés sous le titre de maisons correctionnelles, aux mineurs au-dessous de seize ans, des deux sexes, condamnés en vertu des articles 67 et 69 du Code pénal comme ayant agi avec discernement, et sous celui de maisons de réforme aux mineurs acquittés en vertu de l'article 66 du code pénal, comme ayant agi sans discernement, lesquels sont conduits dans ces maisons pour y être élevés et détenus pendant le temps déterminé par le jugement.

Les maisons correctionnelles et les maisons de réforme sont des établissements publics obligatoires pour l'exécution de la loi pénale, dont l'État est responsable.

L'autorisation de fonder des maisons de réforme à titre d'établissements privés sous la surveillance et l'inspection de l'État peut être accordée à des associations et à des particuliers. Les établissements privés peuvent recevoir les enfants jugés et acquittés en vertu de l'article 66 du Code pénal, sauf toutefois ceux auteurs des crimes d'assassinat, d'empoisonnement, de meurtre et d'incendie, qui doivent être conduits dans l'établissement public de la maison de réforme.

Je viens ainsi servir la cause des établissements privés en les débarrassant des éléments les plus dangereux de leur population. Sans doute, je ne veux reconnaître en principe aux établissements privés que la place qui doit rationnellement et légalement leur revenir; mais en fait, personne n'apprécie mieux que moi les services qu'ils ont rendus et ceux qu'ils sont appelés encore à rendre, et je ne saurais avoir l'intention ni d'attaquer leur passé ni de compromettre leur avenir.

Le projet de loi de révision comprend quatre chapitres :

Le chapitre Ier, composé de trois articles, désigne — par le premier, les établissements où les mineurs au-dessous de seize ans doivent être détenus avant jugement; — par le second, ceux dans lesquels ils doivent l'être après jugement; — par le troisième, ceux où doivent être enfermés par voie de correction paternelle les mineurs de cette catégorie;

Le chapitre II est relatif aux maisons de réforme;

Le chapitre III aux maisons correctionnelles;

Et enfin le chapitre IV aux dispositions générales.

On ne retrouve pas dans cet ensemble du projet de loi de révision autant d'ordre méthodique que dans le rapport de l'honorâble M. Félix Voisin. Mais dans le cas de l'adoption en principe de la primauté de l'établissement public, le cadre du projet de loi devrait logiquement recevoir une modification désirable.

Il semble en effet que, dans l'ordre des principes, le chapitre relatif aux maisons correctionnelles devrait venir avant celui des maisons de réforme, puisque c'est à la maison correctionnelle que le principe de l'établissement public et obligatoire est absolu.

Le chapitre II deviendrait le chapitre III sous le titre de *Maisons de réforme; — établissements publics;*

Il conviendrait d'établir un chapitre nouveau prenant le numéro IV sous le titre de *Maisons de réforme; — établissements privés.*

On trouverait ainsi dans ces trois chapitres II, III et IV, les dispositions relatives d'abord aux maisons correctionnelles, ensuite aux maisons de réforme établissements publics, et enfin aux maisons de réforme établissements privés. On suivrait de la sorte l'ordre méthodique des établissements, ainsi que la suite et l'enchaînement des idées.

III

UNE GRAVE DIFFICULTÉ.

Le projet de loi de révision contient dans ses articles 2 et 22 une innovation inspirée par une excellente intention, celle d'un quartier spécial d'éducation correctionnelle dans la maison de réforme qu'elle indique en ces termes : « Les mineurs de seize ans condamnés en vertu des articles 67 et 69 du code pénal, sont, s'il y a lieu, après l'expiration de leur peine, placés dans un quartier d'éducation correctionnelle. » Le mot « s'il y a lieu » met le doigt sur une grave difficulté que la loi de révision a eu la sagacité de saisir et qui lui a paru avec raison exiger une solution. La théorie de l'emprisonnement, telle que je l'ai toujours conçue et la conçois encore, repose sur les deux principes de l'intimidation et de l'amendement étroitement unis à celui de la durée. Le régime pénitentiaire a besoin de l'action du temps. Le législateur de 1810 a laissé toute latitude à cet égard dans l'ar-

ticle 66 en ce qui concerne les mineurs acquittés comme ayant
agi sans discernement et conduits dans une maison de correction
pour y être élevés et détenus pendant un temps qui ne doit pas
excéder leur vingtième année. Quant aux condamnés comme ayant
agi avec discernement, la législation de 1810 prend toujours en
sérieuse et bienveillante considération la faiblesse de leur âge, en
écartant à leur égard l'application de la peine de mort, des travaux forcés à perpétuité et à temps, de la déportation, de la réclusion, en un mot, de toutes les peines afflictives et infamantes,
pour ne les soumettre qu'à la peine correctionnelle de l'emprisonnement. Ainsi ils ne sont conduits ni au bagne ni à la maison de
force, mais seulement à la maison de correction qui est commune,
il est vrai, aux condamnés adultes; car on n'avait pas conçu
encore, à cette époque, la spécialité des établissements affectés
aux jeunes détenus et celle de leur régime disciplinaire.

Dans sa sollicitude pour les jeunes condamnés, le législateur
de 1810 crut qu'il ne devait pas omettre d'abréger pour eux le
temps de la captivité. Mais comme il n'était pas question à cette
époque de la manière dont les trois principes de la durée, de
l'intimidation et de l'amendement devaient se combiner pour
constituer le régime applicable à la répression pénitentiaire des
jeunes condamnés, le législateur de 1810 alla beaucoup trop loin
dans son échelle des réductions proportionnelles de la durée de
l'emprisonnement, jusqu'au point d'arriver à des abréviations
incompatibles avec un régime pénitentiaire. C'est pour remédier
à ce grave inconvénient, qui avait échappé à la loi de 1850, que
le projet de révision de cette loi propose, dans le cas où la brièveté de la condamnation ne permettrait à la discipline pénitentiaire aucune action réformatrice, d'envoyer le jeune condamné,
à l'expiration de sa peine, dans un quartier d'éducation correctionnelle de la maison de réforme, pour y être élevé et détenu
pendant tel nombre d'années que le jugement déterminerait.

Voici sur quels motifs je m'appuie, pour considérer comme
peu pratique cette innovation, qui d'ailleurs ne remédierait pas à
un autre inconvénient que je dois signaler. Je ferai remarquer
que la maison de correction, à laquelle le code pénal de 1810
envoie le mineur condamné au-dessous de 16 ans étant, ainsi que
je l'ai déjà dit, la maison de correction commune aux condamnés
adultes aussi bien qu'à ces mineurs, ces derniers pouvaient continuer à y être détenus même après avoir atteint leur vingtième

année. Mais du moment où la maison correctionnelle et la maison de réforme sont des établissements spécialement affectés aux jeunes détenus condamnés ou acquittés, leur séjour ne peut s'y prolonger au delà de leur vingtième année. Ainsi, par exemple, on ne peut admettre que le mineur au-dessous de 16 ans qui aurait été condamné, conformément à l'article 67, à un emprisonnement de dix à vingt ans puisse rester jusqu'à l'expiration de sa peine dans un établissement quelconque spécialement affecté aux jeunes détenus.

Pour remédier à ce second inconvénient aussi bien qu'au premier, il me semblerait qu'on pourrait modifier ainsi que suit la rédaction des articles 67 et 69 du Code pénal :

Art. 67. — Si le mineur âgé de moins de seize ans ayant agi avec discernement a encouru la peine de mort, des travaux forcés à perpétuité ou de la déportation, il sera condamné à la peine de dix à vingt ans d'emprisonnement dans une maison correctionnelle, pour y être enfermé jusqu'à sa vingtième année, à l'expiration de laquelle il sera transféré dans une maison centrale de correction pour y subir le restant de sa peine.

S'il a encouru la peine des travaux forcés à temps, de la détention ou de la réclusion, il sera condamné à être enfermé dans une maison correctionnelle pour quatre ans au moins et huit ans au plus et, dans le cas où à sa vingtième année il n'aurait pas achevé sa peine, il serait transféré dans une maison centrale de correction pour le restant à subir.

Art. 69. — Dans tous les cas où le mineur au-dessous de seize ans n'aura commis qu'un délit, la durée de la peine, qui ne pourra être de moins d'un an et de plus de quatre années, sera déterminée par le juge d'après la nature du délit et l'appréciation du temps nécessaire à l'éducation répressive et pénitentiaire du jeune délinquant.

Cette rédaction me semble simplifier et résoudre les difficultés qu'il s'agissait d'aplanir. Quant à l'innovation relative à l'inadmissibilité dans la maison correctionnelle d'un emprisonnement au-dessous d'un an comme étant complétement dépourvu par la brièveté de sa durée de toute efficacité pénitentiaire, elle est facile à concevoir.

IV

SITUATION ANORMALE ET ILLÉGALE.

La situation actuelle est à la fois anormale et illégale.

Elle est anormale, parce qu'à l'égard des mineurs condamnés comme ayant agi avec discernement, le juge dépourvu, surtout quand il s'agit des jeunes délinquants de l'article 69, de la faculté de proportionner la durée de la condamnation aux exigences de la répression pénitentiaire, commet souvent alors dans l'intérêt de l'enfant une fraude pieuse en déclarant le non-discernement pour demander à l'article 66 la latitude que lui refuse l'article 69.

Elle est illégale, parce que les mineurs condamnés et acquittés, sont renfermés et confondus dans les établissements publics et privés. Cette situation est intolérable et ne peut se prolonger. La ligne de démarcation que la légalité prescrit entre les mineurs acquittés de l'article 66 et les condamnés des articles 67 et 69, ne doit pas rester une lettre morte. Il est temps que les maisons correctionnelles pour les uns et les maisons de réforme pour les autres, cessent d'être des fictions et deviennent des réalités. On ne le conteste pas en principe; mais on dit qu'en fait on n'éprouve guère l'urgent besoin de la création de maisons correctionnelles, puisque d'après la dernière statistique relative à l'année 1875, sur 7,900 jeunes détenus, le nombre des condamnés comme ayant agi avec discernement n'est que de 193 dont 165 dans les établissements publics et 28 dans les établissements privés. Mais personne n'ignore que sur les 7,675 jeunes détenus acquittés plus de la moitié ne doivent qu'à la sollicitude du juge, inspirée par l'intérêt de leur amendement, la déclaration de non-discernement qui leur a valu cet acquittement. Du jour donc où la rédaction modifiée du code pénal et surtout de l'article 69, rendrait le juge à sa liberté d'apprécier et de déclarer la circonstance de discernement, le nombre des mineurs condamnés s'élèverait immédiatement à un chiffre considérable. Voilà ce qui doit éveiller la prévoyance administrative sur l'importance que prendra la maison correctionnelle et le nombre des établissements

publics qu'elle exigera, du jour où cessera l'état anormal et illégal de la situation actuelle; et cet état, je le répète, est trop
intolérable pour pouvoir se prolonger.

V

RÉGIME AGRICOLE.

Le projet de loi de révision reproche avec raison à la loi de 1850,
d'avoir fait du régime agricole, le régime exclusif applicable aux
jeunes détenus. Le projet de révision veut avec raison que le régime industriel vienne y concourir, en tenant compte de l'origine,
des antécédents, de l'aptitude et de l'avenir présumable du jeune
détenu. Du reste, ce qu'il faut critiquer dans la loi de 1850, à
laquelle on doit l'impulsion donnée en France et en Europe à la
création des colonies agricoles pénitentiaires, ce n'est pas la préférence pour le régime agricole, mais le caractère exclusif de
cette préférence. Cette préférence est parfaitement justifiée par
les avantages incontestables qu'offre le régime agricole pour le
développement moral et physique de l'enfant. C'est assurément
le régime agricole qui est appelé en principe à jouer le premier
rôle dans l'œuvre de la réforme pénitentiaire applicable aux
jeunes détenus; parce qu'étant le plus propre à donner la santé
de l'âme et du corps, il présente ainsi à cette réforme les meil-
leures garanties de son efficacité. En fait, il faut donc s'attacher
à procurer au régime agricole toute l'extension qu'il est possible
de lui donner, sans méconnaître les légitimes exigences du régime industriel.

Je regrette que rien n'indique dans le projet de loi de révision
qu'il ait été conçu dans cet ordre d'idées, et on pourrait craindre
même qu'il n'inclinât dans un sens opposé, s'il fallait attacher plus
d'importance qu'on ne doit le faire à la rédaction des articles 5
et 18 qui intervertissent l'ordre alphabétique, pour placer l'apprentissage industriel avant l'apprentissage agricole.

Il ne faudrait pas croire toutefois que le régime agricole n'admette pas les industries qui se rattachent à l'agriculture, telles
que celles de charpentier, forgeron, scieur de long, charron et

n'admette pas surtout encore les travaux préparatoires pour faire passer les produits agricoles, tels que le chanvre, le lin, l'osier, etc., de l'état brut à celui qu'ils doivent subir pour être livrés à la vente, travaux qui conviennent parfaitement au contraire à la saison d'hiver. Le régime agricole exclut seulement les industries urbaines que, dans l'organisation de la colonie pénitentiaire, il ne doit pas chercher à s'assimiler.

L'expérience pratique enseigne qu'il faut que le régime agricole et le régime industriel proprement dit, c'est-à-dire comprenant l'apprentissage et les industries d'origine urbaine, soient laissés chacun dans le milieu et dans les conditions spéciales que réclament leur exercice et leur enseignement professionnel. Chacun de ces deux régimes exige des établissements spéciaux. J'avais été un moment séduit par l'idée d'en faire des établissements mixtes. Mais l'expérience me démontra mon erreur, que j'ai publiquement et loyalement avouée, comme on doit le faire pour tout ce qu'on avait cru d'abord et qu'on reconnaît ensuite, n'être pas la vérité.

La loi de 1850 n'est pas venue imposer, mais seulement constater et consacrer le mouvement progressif qui s'était produit dans le développement des colonies agricoles pénitentiaires, publiques et privées. Il faut bien se garder de réagir contre ce mouvement progressif que l'on doit à l'impulsion instinctive de notre pays, si bien inspiré à cet égard sur l'avenir auquel devait être appelée la colonie agricole pénitentiaire. Mais il faut bien se dire que c'est l'État surtout qui doit et peut réaliser cet avenir par l'établissement public, parce que, ainsi que je le disais dans un rapport au ministre de l'intérieur mentionné dans la *Revue critique de législation*, deux mois avant la loi de 1850, c'est l'État seul qui peut donner aux institutions qu'il fonde cet esprit de suite et cette garantie de stabilité qui échappent à nos œuvres viagères.

Je ne crois pas avoir à retracer ici le programme que j'ai si souvent exposé de l'avenir du régime agricole appelé à accroître, non-seulement la moralité du pays par la diminution des récidives, mais encore sa richesse agricole, par le défrichement des terres incultes et fertilisables. La loi de 1850, malgré sa prédilection pour le régime agricole, n'a pas entrevu l'importance de cet avenir qui lui était réservé. Elle n'a pas même senti que le régime agricole applicable à la colonie pénitentiaire était un régime spécial à déterminer par un règlement d'administration publique. La loi anglaise de 1854 ne l'a pas senti davantage. On croyait que le régime agricole de la colonie pénitentiaire devait être purement et simplement celui de la ferme, à ce point qu'en Angleterre on lui en a souvent donné le nom. C'était là une grave et regrettable méprise.

Pour s'en convaincre, il suffisait de se demander quel était le but que la colonie agricole pénitentiaire devait poursuivre, et s'efforcer d'atteindre. Ce but, que j'ai défini par la formule si généralement adoptée *de l'amendement de l'enfant par la terre et de la terre par l'enfant*, montre assez que c'est là un but spécial à la colonie pénitentiaire, auquel le régime de la ferme est étranger et ne saurait même s'adapter.

La ferme a sans doute, comme la colonie, des bâtiments et des terres, ou en d'autres termes, un immeuble-bâtiment et un immeuble-terrain ; mais l'immeuble-bâtiment n'y a qu'une place bien secondaire, tandis qu'à la colonie, au contraire, il embrasse tous les besoins de l'organisation pénitentiaire, pour les logements du personnel d'administration, de garde, de surveillance et d'enseignement professionnel, pour les dortoirs et réfectoires des jeunes détenus ; pour les divers services économiques, cuisine, boulangerie, paneterie, buanderie, magasins d'apprivisionnement, vestiaire, lingerie, etc. ; puis les bâtiments qu'exigent les services de la chapelle, de l'école, de l'infirmerie, etc. C'est ainsi que l'immeuble-bâtiment, à la colonie pénitentiaire, présente une importance souvent égale et quelquefois même supérieure à celle de l'immeuble-terrain, comme cela arrive à la colonie publique des Douaires et à la célèbre colonie de Mettray dont la France s'honore.

L'assimilation de la colonie pénitentiaire à la ferme n'est donc pas admissible au point de vue de l'immeuble-bâtiment, et elle ne l'est pas davantage à celui de l'immeuble-terrain. Consacrée à la culture des céréales et à celles qui s'y rattachent, la ferme a pour but de rechercher tous les moyens d'économiser les frais de la main-d'œuvre, et c'est pour cela qu'elle vient de plus en plus recourir même à l'emploi des machines. La colonie pénitentiaire, au contraire, recherche les cultures qui exigent le plus de main-d'œuvre, pour l'emploi des bras dont elle dispose, et qui permettent d'utiliser l'inégalité des âges et celle des forces qui y correspond. Elle a besoin de plus de donner satisfaction à l'enseignement professionnel qui doit comprendre l'agriculture et l'horticulture et étendre pour chacune, le plus possible, la variété de l'apprentissage qui, à l'époque de la libération, accroît ainsi les facilités du placement.

C'est en me plaçant à ce point de vue, que j'ai été tellement frappé de l'importance du rôle qui devait appartenir à la colonie agricole dans l'œuvre de la réforme pénitentiaire, que j'ai cru qu'elle devait être l'objet d'une théorie spéciale, celle de l'amendement de l'enfant par la terre et de la terre par l'enfant et passant de la théorie à l'application, j'ai fondé à cet égard la colonie d'essai du Val-d'Yèvre. Je ne demande pas à la loi de révision de consacrer les principes de ma théorie, mais seulement d'appeler le règlement d'administration publique à déterminer la spécialité du régime cultural applicable à la colonie pénitentiaire. C'est une lacune dans la loi de 1850 que le projet de loi de révision doit nécessairement remplir. Du moment, en effet, où le régime cultural doit être autre que celui de la ferme, il faut nécessairement indiquer ce qu'il est et ce qu'il doit être.

Il importerait donc de faire à l'article 27 du projet de révision, quatrième paragraphe, ainsi conçu : « Toutes les autres mesures nécessaires à l'exécution de la présente loi », l'addition suivante :

« Et notamment l'organisation culturale spécialement appropriée à la colonie agricole pénitentiaire. »

VI

LE DÉFRICHEMENT.

Parmi les principes fondamentaux de ma théorie, je reconnais que celui du défrichement des terres incultes et fertilisables ne saurait s'imposer d'une manière absolue aux particuliers ; car bien des raisons, et celle de la loi des partages entre autres, ne permettent de fonder aucun avenir sur l'existence viagère des établissements dus aux particuliers. Quant aux colonies fondées par des associations laïques, Mettray en est encore l'unique exemple.

Restent donc les établissements créés par des congrégations religieuses avec l'autorisation de l'État. Les conditions de cette autorisation doivent être respectées et on ne saurait agir rétroactivement. Mais pour les autorisations futures de colonies agricoles pénitentiaires de jeunes détenus, on ne voit pas ce qui empêcherait de prescrire aux congrégations religieuses le principe du défrichement, car elles ne feraient en cela que suivre l'exemple de ces congrégations religieuses qui, à une autre époque, concoururent si utilement à l'accroissement de la richesse agricole de la France par la production du sol qu'elles avaient défriché. Mais c'est à l'État surtout à pratiquer dans les colonies publiques le principe du défrichement, qui a le double avantage de procurer de l'emploi à la main-d'œuvre et de la plus-value au profit du Trésor.

Il y a deux espèces de défrichements qui me paraissent le mieux appropriés à la colonie pénitentiaire pour lui permettre d'utiliser de la manière la plus convenable et la plus lucrative les inégalités des âges et des forces qui y correspondent, à savoir : le défrichement des terres pour la plantation de la vigne et celui des marais desséchés pour la culture maraîchère et l'horticulture. La colonie publique de Saint-Hilaire, dans la Vienne, tant qu'elle ne se livrait qu'à la culture des céréales, était fort onéreuse à l'État, parce qu'elle ne pouvait occuper qu'une partie de sa main-d'œuvre, tandis que par la culture de la vigne sur le sol défriché, elle l'utilise aujourd'hui et arrivera prochainement, si le phylloxera n'y fait pas obstacle, à un résultat rémunérateur par un notable abaissement du coût de la journée de présence.

Mais le défrichement des marais desséchés me semble bien préférable pour la colonie pénitentiaire, au double point de vue de l'utilité de l'emploi de la main-d'œuvre et de la variété de l'enseignement professionnel. J'ai justifié ailleurs cette préférence, par l'exposé de l'organisation culturale de la colonie pénitentiaire du Val-d'Yèvre, transformée depuis 1872 en colonie publique. Le jardinage et la culture maraîchère venant se joindre à celle des céréales, il en résulte la plus grande variété pour l'enseignement professionnel qui peut permettre même à des colons d'origine urbaine de continuer leur apprentissage.

Sous le rapport financier, les résultats du Val-d'Yèvre parlent encore davantage en faveur du défrichement des marais desséchés; car ils ont dépassé toutes les espérances par l'abaissement rémunérateur du coût de la journée de présence. Pour les quatre années, en effet, de 1873 à 1876, le coût moyen de la journée de présence au Val-d'Yèvre n'a été que de 0 fr. 71 c., tandis que le prix moyen dans les autres colonies publiques pendant cette même période quadriennale était de 1 fr. 39 c. Le résultat comparé accuse une économie annuelle au profit de l'État de 93,000 francs. Pour 1877, le coût de la journée de présence au Val-d'Yèvre est descendu à 0 fr. 64 c., c'est-à-dire à 14 centimes au-dessous même des établissements privés. En d'autres termes, l'effectif normal des colons du Val-d'Yèvre, qui est de 400, aurait coûté 20,000 francs de plus à l'État, s'ils avaient été placés dans des établissements privés. Mais je déclare que cette année 1877 a été favorisée par un rendement exceptionnel de la récolte, et que la rigueur de la température, en contrariant la récolte peut exercer sur une autre année une influence différente ; de telle sorte qu'il ne faut jamais calculer que sur des moyennes de quatre à cinq ans au moins.

Toutes les observations que je viens de présenter, ne concernent que les mineurs âgés de douze à seize ans. Il serait difficile sans doute d'utiliser au défrichement des enfants au-dessous de douze ans. Ce n'est plus du reste seulement au point de vue du défrichement, mais à tous les autres auxquels on peut se placer pour consulter l'intérêt de l'éducation pénitentiaire de ces enfants, que l'on concevra la convenance du principe posé dans mon programme théorique et pratique d'après lequel ils ne doivent pas être compris dans l'effectif des colonies pénitentiaires, mais envoyés à des asiles spécialement consacrés à leur éducation réformatrice. L'administration pénitentiaire vient d'entrer dans cette bonne voie et on ne saurait trop l'encourager à y persévérer.

VII

RÉSUMÉ.

J'ai achevé les observations que j'avais à vous soumettre, et dans lesquelles il ne s'agissait pas de suivre le projet de révision de la loi de 1850 dans tous ses articles pour louer ceux qui en si grand nombre méritent de l'être et indiquer ceux auxquels d'anciennes et persévérantes convictions ne me permettaient pas d'adhérer. J'ai voulu seulement jeter un rapide coup d'œil sur l'horizon si étendu ouvert à la révision de la loi de 1850 et y signaler quelques points de vue principaux qui m'ont paru dignes d'appeler plus particulièrement votre attention. Mais je crains d'avoir présenté ces observations d'une manière trop décousue. Permettez-moi, en terminant, d'y mettre plus d'ordre et de précision et de les résumer ainsi en principe et en fait.

1º Création obligatoire pour l'État, garant responsable de l'exécution de la loi pénale et de la sécurité publique et privée, d'établissements publics spécialement consacrés aux mineurs âgés de plus de douze et de moins de seize ans auteurs de délits et de crimes, sous le titre de *Maisons ou colonies correctionnelles* pour ceux condamnés comme ayant agi avec discernement, et sous celui de *Maisons ou colonies de réforme* pour ceux ayant agi sans discernement;

2º Faculté pour l'État d'accorder, à des associations ou à des particuliers, l'autorisation de fonder des maisons de réforme sous le titre d'établissements privés, placés sous sa surveillance et son inspection, et pouvant recevoir les mineurs à élever et détenir en vertu de leur jugement d'acquittement, sauf toutefois ceux auteurs de crimes d'assassinat, d'empoisonnement, meurtre ou incendie, qui doivent être conduits à l'établissement public de la maison de réforme;

3º Modification à apporter au cadre du projet de révision de la loi de 1850, qui comprendrait cinq chapitres relatifs, le premier à la désignation des établissements; — le second aux maisons ou colonies correctionnelles sans qualification d'établissements publics, puisqu'elles doivent absolument l'être; — le troisième aux maisons ou colonies de réforme, établissements publics; — le quatrième aux maisons ou colonies de réforme, établissements privés, et le cinquième aux dispositions générales.

4º Constatation de la situation présente, qui est à la fois anormale et illégale :

Anormale, parce qu'à l'égard des enfants ayant agi avec discernement le juge, auquel l'article 69 interdit la faculté de proportionner la durée de la condamnation aux exigences de l'action pénitentiaire, écarte souvent la circonstance du discernement pour demander, dans l'intérêt de l'amendement de l'enfant, à l'article 66 la latitude que lui refuse l'article 69 ;

Illégale, parce que les enfants condamnés et acquittés comme ayant agi avec ou sans discernement sont confondus dans les établissements publics et privés ;

5° Urgence de faire cesser cet état anormal par la rédaction précitée, p. 10 et qu'il est inutile de reproduire ici, des modifications à apporter à l'article 67 et surtout à l'article 69 du Code pénal ;

6° Prescription de ne pas admettre pour les mineurs au-dessous de seize ans l'application de l'emprisonnement à moins d'un an, innovation motivée sur ce que l'emprisonnement au-dessous d'un an, — purement répressif, puisqu'il ne repose que sur le principe d'intimidation, — n'est applicable qu'aux adultes, tandis qu'à l'égard de l'enfant l'emprisonnement doit avoir le minimum de durée nécessaire au point de départ du régime répressif et pénitentiaire pour la combinaison des deux principes de l'intimidation et de l'amendement ;

7° Urgence de faire cesser l'état illégal par la création de maisons ou colonies correctionnelles et de maisons ou colonies de réforme, que prescrivent à la fois l'ordre légal et l'ordre moral ;

8° Importance que prendront les maisons ou colonies correctionnelles par l'accroissement de leur effectif et le nombre d'établissements qu'il faudra y consacrer le jour où, par la révision des articles 67 et 69 du code pénal, le juge sera rendu à sa liberté de déclarer le discernement et de proportionner la durée de la condamnation aux exigences de l'action pénitentiaire ;

9° Coexistence nécessaire d'établissements distincts spécialement affectés au régime agricole ou au régime industriel, d'après l'origine, les antécédents, les aptitudes et l'avenir présumable des jeunes délinquants ou jeunes criminels qui doivent y être détenus et élevés sous le régime de la vie et du travail en commun, sans pouvoir n'être soumis, hors des cas de la répression disciplinaire, qu'au système cellulaire de nuit ;

10° La supériorité toutefois du régime agricole pour le développement physique et moral de l'enfant lui assigne en principe le premier rôle dans l'œuvre de la réforme pénitentiaire applicable au jeune détenu et on doit ainsi lui donner en fait la plus grande extension possible sans nuire aux légitimes exigences du régime industriel ;

11° L'assimilation de la colonie agricole pénitentiaire à la ferme est inadmissible, soit au point de vue des bâtiments ou de l'immeuble-bâtiment, soit à celui des terres ou de l'immeuble-terrain ;

En ce qui concerne l'immeuble-bâtiment, la ferme est exonérée de la responsabilité et de la dépense considérable qu'entraîne le régime pénitentiaire avec tous les bâtiments et tous les services qui y sont consacrés ;

Quant à l'immeuble-terrain, la ferme et la colonie pénitentiaire suivent deux voies opposées. L'une a recours à tous les moyens d'éviter et économiser la main-d'œuvre, tandis que l'autre, au contraire, recherche les cultures qui exigent le plus de main-d'œuvre et lui permettent d'utiliser l'abondance de celle dont elle dispose ;

12° La colonie pénitentiaire exigeant un régime cultural qui lui soit propre, le règlement d'administration publique doit être appelé à déterminer ce régime spécial d'une telle importance, qu'il est l'objet d'une théorie désignée par le double but que la colonie pénitentiaire doit poursuivre, l'amendement de l'enfant par la terre et de la terre par l'enfant ;

13° Dans le double but qu'elle poursuit, par son organisation culturale, l'amendement de l'enfant par la terre et celui de la terre par l'enfant, la colonie pénitentiaire doit, pour atteindre le premier, rechercher pour l'emploi des bras dont elle dispose, les cultures qui permettent le mieux d'utiliser l'inégalité des âges et celle des forces qui y correspondent. Elle doit de plus donner la plus large extension possible à l'enseignement professionnel, horticole et agricole, afin de procurer, par la variété des apprentissages, la facilité des placements à l'époque de la libération.

Pour atteindre le second but, elle doit recourir au défrichement, qui d'abord crée de la plus-value et appelle ensuite la colonie pénitentiaire à concourir à l'accroissement non-seulement de la moralité du pays par la diminution des récidives, mais encore à celui de sa richesse agricole par la mise en culture des terres incultes et infertilisables ;

14° En respectant scrupuleusement les conditions et les autorisations accordées aux congrégations religieuses qui ont

des droits acquis, on peut, pour les autorisations futures des colonies privées, leur imposer le défrichement, afin de créer de la
plus-value dans leur intérêt propre comme dans celui du pays,
dont elles ont à une autre époque fertilisé tant de terres
incultes ;

15° L'État qui, par une imprudente assimilation des colonies
publiques à la ferme, — a un moment compromis le maintien de
leur existence en raison de la dépense qu'elles entraînaient, doit
nécessairement entrer dans le défrichement pour lui demander
la diminution du coût de la journée de présence, et il a déjà
heureusement deux précédents à invoquer ;

16° Des deux sortes de défrichements pratiqués jusqu'ici
par les colonies publiques, l'un de date récente, celui qui a pour
objet la plantation de la vigne sur le sol défriché, donne à la
colonie de Saint-Hilaire, dans la Vienne, des espérances bien
fondées, si le phylloxéra n'y fait pas obstacle, d'un abaissement
sensible dans le coût de la journée de présence.

L'autre, celui de la mise en culture des marais desséchés,
qui s'appuie, à la colonie du Val-d'Yèvre, sur une expérience de
32 années dont 25 comme établissement privé et 7 comme établissement public, et offre des résultats agricoles et surtout financiers qui le recommandent à l'imitation comme le plus propre à
donner satisfaction à l'intérêt budgétaire, en procurant ainsi au
Trésor des économies qu'aucun établissement public ou privé
lui ait jamais permis de réaliser. Mais on ne saurait méconnaître
qu'une comparaison n'est admissible qu'entre deux situations
similaires et qu'ainsi, lorsqu'un établissement tel que le Val-
d'Yèvre doit ses résultats financiers à une constitution culturale
qui lui est propre, on ne peut exiger des établissements publics
et des établissements privés, qui ont des organisations différentes,
d'aboutir aux mêmes résultats budgétaires. La seule conclusion
à tirer de ces résultats comparés au point de vue budgétaire,
c'est de justifier la préférence à donner à l'organisation culturale
qui dépense le moins et par conséquent d'en conseiller l'imitation.
Le succès financier du Val-d'Yèvre ne doit donc jeter aucune
défaveur sur les autres établissements publics ou privés, et il doit
rester inoffensif à leur égard ;

17° Le résumé de l'ensemble de ces articles ne s'impose pas
aux petits établissements, que des hommes dévoués à la régénéra-

tion des jeunes détenus fondent avec une louable sollicitude sur leurs propriétés;

18° Le règlement d'administration publique appelé à déterminer le régime disciplinaire concernant les trois sortes d'établissements publics de répression pénitentiaire, doit être basé sur les deux principes de l'intimidation et de l'amendement, mais avec des nuances sensiblement différentes dans leur application à ces trois sortes d'établissements.

Pour le premier, c'est-à-dire pour l'asile de l'éducation réformatrice relatif aux jeunes délinquants au-dessous de douze ans, le régime disciplinaire doit s'inspirer beaucoup plus du principe de l'amendement que de celui de l'intimidation;

Pour l'établissement ou colonie de réforme affecté aux jeunes détenus ayant agi sans discernement, la combinaison de ces deux principes, qui se pondèrent entre eux, détermine le régime disciplinaire;

Enfin dans le troisième ou colonie correctionnelle affecté aux condamnés, c'est la prépondérance du principe d'intimidation qui détermine le régime disciplinaire.

Quand on embrasse ainsi ensemble et séparément les points de vue principaux auxquels il faut se placer pour la révision de la loi de 1850, on voit combien il y a encore à faire pour en compléter l'état normal et en effacer ce qui n'est pas conforme à la légalité.

L'administration pénitentiaire a donc bien des services encore à ajouter à ceux qu'elle a déjà rendus et bien des dépenses à prévoir pour compléter d'abord l'organisation des asiles affectés à l'éducation réformatrice des jeunes délinquants au-dessous de douze ans; pour procurer ensuite dans les établissements pénitentiaires aux jeunes délinquants du vagabondage et de la mendicité les places disponibles qui doivent s'y trouver en exécution du Code pénal. Il lui faut enfin se rendre compte des établissements qu'elle aura à créer, du jour prochain où la maison correctionnelle, qui n'est aujourd'hui qu'une fiction, deviendra une réalité par suite des articles 67 et 69 du code pénal révisés, en vertu desquels le juge condamnera à la maison correctionnelle ce grand nombre d'enfants dont il n'aura plus à dissimuler le discernement pour les confondre avec les acquittés.

Je vous prie de me pardonner d'avoir un peu abusé peut-être de votre bienveillante attention en donnant à ces observations plus d'étendue que je ne le supposais lorsque j'ai pris la parole. Je n'ai pourtant cédé à l'entraînement d'aucun mouvement oratoire. Ce que j'avais à dire, j'ai voulu le dire d'une manière simple, claire et précise. Comme nous voulons agir sur l'opinion publique, c'est avec des idées nettes et des faits concluants qu'il faut l'aborder, car il ne s'agit pas de l'émouvoir, mais de la convaincre. C'est dans cet esprit que j'ai voulu présenter les observations que j'avais à soumettre à vos lumières.

M. Royer-Collard a dit : « L'homme n'invente pas la vérité, mais en la cherchant, il la trouve. » Depuis tant d'années que je la cherche sur la question du régime pénitentiaire applicable aux jeunes détenus, et que je la demande bien moins à l'étude méditative qu'à l'observation pratique, je ne sais si j'ai réussi en tout ou partie à la trouver. C'est à vous à l'apprécier, et je dois attacher le plus haut prix à vos appréciations ; car je sais combien cet auditoire renferme d'hommes d'un grand mérite et d'un grand dévouement à cette réforme civilisatrice, qu'on a longtemps appelée et qu'on peut appeler encore la réforme des prisons, mais qui aujourd'hui, sans déserter le principe essentiel de la répression, se répand et s'accrédite sous le nom plus populaire de réforme pénitentiaire.

IMPRIMERIE CENTRALE DES CHEMINS DE FER. — A. CHAIX ET Cⁱᵉ.
RUE BERGÈRE, 20, A PARIS. — 6260-9.

www.ingramcontent.com/pod-product-compliance
Ingram Content Group UK Ltd.
Pitfield, Milton Keynes, MK11 3LW, UK
UKHW020147080726
13614UKWH00005B/2452